COLLECTION

BERTHELIER

PARIS — 1889

CATALOGUE

DES

TABLEAUX

Modernes

AQUARELLES ET DESSINS

Composant la Collection de

M. BERTHELIER

ET DONT LA VENTE AURA LIEU

Par suite de son décès

LE JEUDI 9 MAI 1889

à 2 heures

GALERIE GEORGES PETIT

8, rue de Sèze, 8

COMMISSAIRES-PRISEURS

Me H. COUTURIER
2, rue Chaptal, 2

Me P. CHEVALLIER
10, rue Grange-Batelière, 10

EXPERT

M. GEORGES PETIT, 12, rue Godot-de-Mauroi.

EXPOSITIONS

PARTICULIÈRE
Le Mardi 7 Mai 1889

PUBLIQUE
Le Mercredi 8 Mai 1889

CONDITIONS DE LA VENTE

La vente sera faite au comptant.

Les Acquéreurs paieront, en sus des adjudications, *cinq pour cent* applicables aux frais.

Paris. — Imp. de l'Art, E. Ménard et Cie, 41, rue de la Victoire.

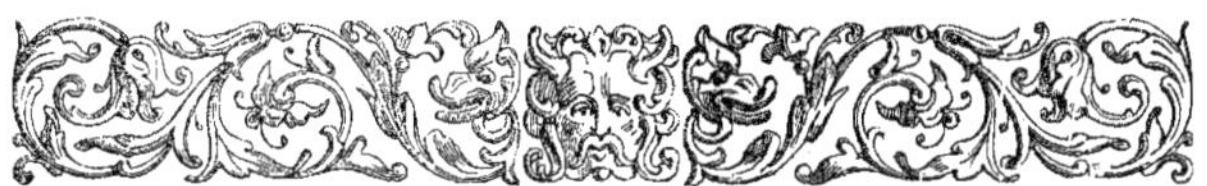

Berthelier, que nous avons eu le regret de perdre si tôt (il n'avait que cinquante-sept ans[1]), possédait les deux qualités qui, seules, font les grands artistes, la personnalité et l'originalité. Il donnait un relief particulier à ses rôles. Que de pièces lui ont dû leur succès et dont on se souvient encore, parce que c'est lui qui en a été le principal interprète !

Il avait une verve endiablée et une gaieté si franche, une bonne humeur si communicative, une physionomie si ouverte, une voix si vibrante !... Il lui suffisait d'un mot, d'un geste, d'un sourire pour transporter son public. Vif, alerte, chaleureux, il brûlait les planches, comme on dit dans l'argot des coulisses. Et, comédien sincère et convaincu, il jouait toujours la situation. Jamais il ne se négligeait. Tel on l'avait vu à la première représentation, tel on le retrouvait à la centième.

Je ne crois pas qu'il y ait eu d'artistes plus consciencieux. Tout ce qu'il donnait à la scène était mûrement réfléchi, pro-

1. Jean-François-Philibert Berthelier est né à Panissières (Loire) le 14 décembre 1830.

fondément étudié. J'ai eu la bonne fortune de l'avoir dans plusieurs de mes pièces, et je l'ai vu à l'œuvre. A chaque répétition, il apportait quelque chose de nouveau qu'il soumettait modestement à l'auteur. Et, quand il avait son approbation, il s'empressait de le noter sur son rôle. Il excellait dans l'art de dire les couplets. Il cherchait avant tout l'effet final qui devait lui mériter un *bis*. Que de couplets il a fait refaire pour arriver à ce résultat important! Que de couplets il a refaits lui-même, quand ceux qu'on lui faisait ne le satisfaisaient pas complètement! Et que de bons conseils il a donnés, que les anciens n'ont jamais regretté d'avoir suivis!

Voici, en quelques lignes, l'histoire de ses débuts, qui pourrait enrichir *le Roman comique* d'un chapitre nouveau :

A onze ans, il perdit son père, un notaire de province, qui voulait en faire un avocat. A quatorze ans, il entra dans une librairie, à Lyon. A seize ans, il était commis-voyageur en imagerie. Mais, entraîné déjà vers le théâtre par une vocation irrésistible, et espérant tirer parti de sa voix, qu'il avait fait entendre et applaudir dans des réunions privées, il s'engagea comme fort premier ténor, à Poitiers, où il débuta par le rôle de Fernand, dans *la Favorite*. Le théâtre ayant fermé ses portes avant la fin de la saison, Berthelier n'hésita pas à se joindre à une troupe de café-concert qui partait pour Paris. Ses faibles ressources s'épuisent en route. A Amboise, il ne lui reste plus que deux francs. A Blois il parvient, non sans peine, à se faire entendre du maire qui, séduit par sa figure ouverte et intelligente, le retient à dîner, et lui remet cinq francs et un billet de chemin de fer qui n'était pas valable.

J'aime à croire que le maire ne s'en doutait pas. Berthelier ne se décourage pas pour si peu. Il entre dans un café, il demande la permission de chanter; on la lui refuse, il insiste; on veut le mettre à la porte; il monte sur une table et chante à lui seul le grand duo de *la Favorite*. C'est un triomphe. Il fait une recette de huit francs, se remet en route, et arrive enfin à Paris avec vingt-deux sous dans sa poche!

Mais il était à Paris, la terre promise de tous les artistes. Et, après des tribulations de toute sorte, après avoir été refusé à l'unanimité au Conservatoire de musique, il finit par se faire remarquer dans plusieurs cafés-concerts comme diseur de chansonnettes. Et, en 1855, il obtenait un succès éclatant au Beuglant de la rue Contrescarpe. Offenbach l'entendit à cette époque, et l'engagea aux Bouffes-Parisiens.

Il débuta dans *les Deux Aveugles*. Trente-trois ans plus tard, quelques jours avant sa mort, il jouait à la Gaîté *le Dragon de la Reine*.

Et, pendant ces trente-trois ans, il a toujours été sur la brèche. Il a chanté plus de cinq cents chansonnettes, il a créé plus de cent rôles! Et quels rôles variés! Il avait une nature mobile qui lui permettait d'aborder tous les genres. Il jouait indifféremment les jeunes, les vieux, les naïfs, les roués, les amoureux comiques, les pères nobles, les ganaches, les princes d'opérette; dans certains de ses rôles, poussant la fantaisie à l'extrême, dans d'autres sachant être vrai, dans tous se faisant applaudir.

Je vous ai esquissé l'artiste. Voulez-vous connaître l'homme? Renseignez-vous auprès des nombreux amis que

Berthelier avait su se faire et qu'il avait tant de plaisir à recevoir. Ils vous diront tous que c'était un parfait honnête homme, un bon père de famille, adoré de sa femme et de son fils, les adorant, et jouissant auprès d'eux d'un bonheur, à coup sûr, plus grand que celui qu'il devait à ses succès. Je n'en veux d'autre preuve que sa persistance à refuser les brillants engagements qu'on lui proposait pour occuper ses mois de congé, afin de pouvoir les passer sur le bord de la mer avec sa femme et son fils.

Le théâtre et la famille, c'était sa vie. Toute sa vie?... Non. Il aimait aussi les arts passionnément. Et, dès qu'il avait quelques loisirs, il suivait les ventes de l'Hôtel Drouot, il s'arrêtait chez les marchands de tableaux, il montait dans les ateliers des peintres, ses amis, et peu à peu, guidé par un goût artistique très fin et très sûr, il se fit une collection des plus intéressantes et des mieux choisies. Car il ne voulait que des tableaux de maîtres ; et, comme il en voulait le plus possible, et qu'il n'avait pas beaucoup de place, il achetait les meilleurs parmi les moins grands. Il en possédait une centaine. Il n'a pas dépendu de lui qu'il n'en possédât davantage. Tous les panneaux de son appartement en étaient couverts. Et encore y en avait-il sur les meubles et, dans les coins, sur des chevalets.

Je n'en citerai aucun. Il me suffira de nommer les maîtres qui les ont signés :

Daubigny, Diaz, Isabey, Corot, Dupré, Daumier, Ch. Jacque, Jongkind, Vollon, Vibert, Bonvin, Millet, etc.

Mais ce qui donne une valeur toute particulière à cette collection, ce sont les dix-sept Corot qui y figurent, dix-sept tableaux que le maître a composés à différentes époques de sa longue carrière, dix-sept chefs-d'œuvre qui montrent son talent sous tous ses aspects, depuis les gais rayons de soleil de sa première manière, jusqu'aux brouillards si vaporeux et si poétiques qui ont achevé de faire de Corot une des grandes personnalités artistiques de notre temps.

Sous l'intelligente direction de M. Georges Petit, cette collection sera vendue au mois de mai prochain.

Nul doute que les amateurs ne s'y donnent rendez-vous et que chacun ne se dise, en couvrant les enchères :

« Ce tableau que je veux avoir a pour moi un double mérite : il est signé d'un maître et il sort de chez Berthelier. »

ÉMILE DE NAJAC.

DÉSIGNATION

APPIAN

1 — *Paysage.*

Haut., 36 cent.; larg., 60 cent.

ARUS

2 — *Poste avancé.*

Haut., 22 cent.; larg., 18 cent.

ARUS

3 — *Tirailleurs se repliant.*

Haut., 18 cent.; larg., 24 cent.

ARUS

4 — *En vedette.*

Haut., 14 cent.; larg., 11 cent.

ARUS

5 — *Le Soldat et la payse.*

Haut., 10 cent.; larg., 12 cent.

75

ARUS

6 — *Sur la route.*

Haut., 10 cent.; larg., 12 cent.

BAIL

7 — *Fleurs et fruits.*

Haut., 55 cent.; larg., 60 cent.

BARON

8 — *L'Appel des amours.*

Haut., 22 cent.; larg., 18 cent.

BONINGTON

(Attribué à)

9 — *Plage à marée basse.*

Haut., 18 cent.; larg., 25 cent.

BONVIN
(F.)

10 — *La Tricoteuse.*

Elle est debout, sur le seuil de sa porte Au fond, on aperçoit quelques détails de l'intérieur.

Haut., 36 cent.; larg., 20 cent.

BOUDIN

11 — *Un Marché aux chevaux.*

Haut., 25 cent.; larg., 40 cent.

BOUDIN

12 — *Les Bassins, à Trouville.*

Haut., 26 cent.; larg., 29 cent.

CARESME (?)
(J.)

13 — *Le Marchand d'orviétan.*

Haut., 20 cent.; larg., 25 cent.

CAROLUS-DURAN

14 — *La Fin d'un beau jour.*

Haut., 50 cent.; larg., 45 cent.

CHINTREUIL

15 — *Paysage ; soleil couchant.*

Haut., 25 cent.; larg., 20 cent.

COROT

16 — *La Charrette ; environs d'Arras.*

Une grande charrette attelée de quatre chevaux, et dans laquelle sont plusieurs paysans, passe au trot sur la route. On aperçoit dans la brume le clocher de la ville.

Haut., 60 cent.; larg., 88 cent.

COROT

17 — *Le Cavalier.*

Un cavalier vêtu de rouge, monté sur un cheval blanc, suit à quelque distance un groupe d'hommes armés. Au premier plan, un grand chêne étend sa ramure au-dessus du chemin. Effet de soir.

Haut., 40 cent.; larg., 80 cent.

COROT

18 — *Vaches au pâturage.*

Un troupeau de vaches est disséminé en plein soleil sur une prairie entourée partout de bouquets d'arbres. Grand ciel d'été.

Haut., 40 cent.; larg., 75 cent.

COROT

19 — *Près Ville-d'Avray.*

Terrain marécageux coupé de fondrières. Au fond, les maisons de Ville-d'Avray à moitié cachées par un rideau de peupliers.

Haut., 22 cent.; larg., 33 cent.

COROT

20 — *Le Pêcheur.*

Au milieu des berges escarpées d'un lac, un homme descend pour aller relever ses filets. Au fond, des maisons sur la hauteur. Effet de soir.

Haut., 42 cent.; larg., 36 cent.

COROT

21 — *Colline boisée.*

Paysage accidenté, au fond duquel on aperçoit des maisons groupées sur le flanc d'un coteau.

Forme ronde.

Diam., 26 cent.

COROT

22 — *Le Lac.*

Effet du matin. L'eau calme du lac, entouré de monticules boisés, reflète un ciel semé de nuages clairs.

Haut., 25 cent.; larg., 32 cent.

COROT

23 — *La Seine, à Suresnes.*

A droite, les hauteurs de Suresnes. Au fond, l'île qui sépare le fleuve en deux bras.

Haut., 16 cent.; larg., 33 cent.

COROT

24 — *Une Vallée.*

Un paysan sur son cheval s'arrête, pour causer avec une femme, à l'entrée d'un village dont on aperçoit le clocher. L'horizon est fermé par de hautes dunes.

Haut., 32 cent.; larg., 40 cent.

COROT

25 — *L'Étang de Ville-d'Avray.*

Au premier plan, le tableau est traversé par les branchages d'un saule. Au fond, quelques maisons sur les berges du lac. Ciel nuageux.

Haut., 23 cent.; larg., 31 cent.

COROT

26 — *Effet de soir.*

Lisière de forêt. Les derniers rayons du jour empourprent l'horizon.

Haut., 26 cent.; larg., 38 cent.

COROT

27 — *Derrière la ferme.*

Au pied de saules bordant un ruisseau, une petite fille, appuyée sur une barrière, regarde le spectateur. Au fond, des bâtiments couverts en chaume.

Haut., 30 cent.; larg., 24 cent.

COROT

28 — *La Poterne.*

Haut., 20 cent.; larg., 28 cent

COROT

29 — *Bouquet de fleurs.*

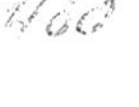

Étude de nature morte peut-être unique du maître.

Haut., 30 cent., larg., 25 cent.

COROT

30 — *Portrait de femme.*

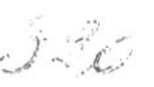

Elle est vue à mi-corps, en corsage décolleté, et tient les deux bras croisés devant elle, un livre dans la main gauche.

Haut., 35 cent.; larg., 25 cent.

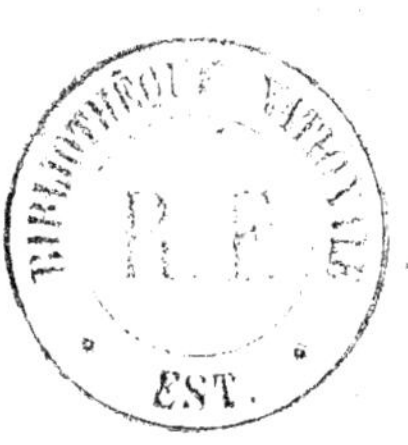

COROT

31 — *Moine en prières.*

Il est agenouillé et croise les bras sur sa poitrine, dans l'attitude du recueillement.

Daté : 1874.

Haut., 46 cent.; larg., 40 cent.

COROT

32 — *Le Pèlerin.*

Le pèlerin est assis, tenant son bâton, et lit un livre d'heures.

Haut., 40 cent.; larg., 25 cent.

CORTÈS

33 — *Vaches à l'abreuvoir.*

Haut., 50 cent.; larg., 60 cent.

COUDERC

(ALEX.)

34 — *Bouquet de fleurs.*

Haut., 65 cent.; larg., 55 cent.

COURANT

(M.)

35 — *Retour de la pêche.*

Haut., 31 cent.; larg., 55 cent.

DAUBIGNY

36 — *Pâturage dans la vallée de Dieppe.*

Grasse prairie normande où paissent de nombreux bestiaux. Une petite rivière la traverse, et des collines très boisées la bornent à droite.

Haut., 35 cent.; larg., 55 cent.

DAUBIGNY

37 — *L'Anier.*

Un homme pousse son âne vers un des petits bras d'une rivière, bordée d'une rangée de peupliers. Effet de soir.

Haut., 22 cent.; larg., 35 cent.

DAUMIER

38 — *En wagon.*

Quatre personnages, assis les uns à côté des autres, semblent exprimer, par leurs physionomies renfrognées, l'ennui ou la fatigue que leur cause un long trajet en wagon.

Haut., 34 cent.; larg., 42 cent.

DREUX

(ALFRED DE)

39 — *La Halte.*

Haut., 90 cent.; larg., 70 cent.

DEFAUX

40 — *Une Vallee.*

Haut., 1 mètre; larg., 82 cent.

DENEUX

41 — *Le Viatique.*

Haut., 48 cent.; larg., 38 cent.

DIAZ

(N.)

42 — *L'Épagneul favori.*

A l'ombre de grands arbres, deux chiens assaillent de leurs caresses une jeune femme, qui a pris l'un d'eux sur ses genoux.

Haut., 22 cent.; larg., 18 cent.

DIAZ

(N.)

43 — *Clairière dans la forêt de Fontainebleau.*

Effet d'automne; le soleil fait étinceler çà et là le feuillage coloré des vieux arbres.

Haut., 25 cent ; larg., 32 cent.

DIAZ

(N.).

44 — *La Plaine ; soleil couchant.*

Au premier plan, une mare, à laquelle viennent s'abreuver quelques vaches ; le lointain se perd dans les vapeurs confuses du soir.

Haut., 20 cent.; larg., 37 cent.

DIAZ

(N.)

45 — *Les Rochers d'Arbonne.*

Haut., 20 cent.; larg., 26 cent.

DUPRAY

(H.)

46 — *La Sortie du dimanche.*

Haut., 32 cent.; larg., 41 cent.

DUPRÉ

(J.)

47 — *Chaumière dans le Berry.*

A l'entrée d'un pauvre hameau, un homme passe à pied sur la route, devant une petite mare d'eau.

Haut., 16 cent.; larg., 22 cent.

DUPRÉ

(J.)

48 — *La Rivière.*

Un homme dans un canot se dirige vers la rive, où se voient quelques arbres.

Haut., 20 cent.; larg., 24 cent.

FLEURY-CHENU

49 — *Une Rue ; effet de neige.*

Haut., 45 cent.; larg., 65 cent.

FLEURY-CHENU

50 — *Chien couché.*

Haut., 45 cent.; larg., 60 cent.

GAUMÉ

(H.)

51 — *La Lettre.*

Haut., 18 cent.; larg., 12 cent.

GUILLEMIN

52 — *Le Petit Pâtre.*

Haut., 30 cent.; larg., 40 cent.

FORSBERG

(NILS)

53 — *Fleur d'iris dans un verre.*

Haut., 20 cent.; larg., 15 cent.

FRÈRE

(TH.)

54 — *Une Rue, au Caire.*

Haut., 21 cent.; larg., 36 cent.

INCONNU

55 — *Tête d'homme ; étude.*

Haut., 20 cent.; larg., 15 cent.

INCONNU

56 — *Paysage italien.*

Haut., 22 cent.; larg., 31 cent.

ISABEY

57 — *Cavalcade aux portes de la ville.*

Une troupe de seigneurs à cheval sort par la grande porte et est saluée à sa sortie par les trompettes des mousquetaires, l'officier salue de son épée.

Haut., 38 cent.; larg., 45 cent.

JACQUE
(CH.)

58 — *La Rentrée du troupeau; la nuit.*

Haut., 80 cent.; larg., 65 cent.

JACQUE
(CH.)

59 — *Sortie de la bergerie.*

Haut., 45 cent.; larg., 40 cent.

JACQUE
(CH.)

60 — *Deux Porcs dans l'étable.*

Haut., 35 cent.; larg., 40 cent.

JACQUE
(CH.)

61 — *Porcs à la mangeoire.*

Haut., 25 cent.; larg., 30 cent.

JONGKIND

62 — *Village hollandais.*

Haut., 45 cent.; larg., 65 cent.

JONGKIND

63 — *Canal, près de Haarlem.*

Haut., 40 cent.; larg., 50 cent.

JONGKIND

64 — *La Rue de l'Abbé-de-l'Épée.*

Haut., 30 cent.; larg., 24 cent.

JONGKIND

65 — *Maisons et hangars.*

Haut., 24 cent.; larg., 32 cent.

LAURENS

(J. P.)

66 — *Un Archevêque.*

Haut., 55 cent.; larg., 35 cent.

LÉVY

(HENRI)

67 — *Renaud et Armide.*

Esquisse du plafond peint pour Mme de Rothschild.

Haut., 35 cent.; larg., 45 cent.

LHUILLIER
(CH.)

68 — *Café arabe.*

Haut., 35 cent.; larg., 45 cent.

MATHON
(ÉMILE)

69 — *Bords de rivière.*

Haut., 40 cent.; larg., 60 cent.

MESGRIGNY

70 — *Maisons-Laffitte.*

Haut., 40 cent.; larg., 55 cent.

MESGRIGNY

71 — *Les Bateaux.*

Haut., 13 cent.; larg., 22 cent.

MICHETTI

72 — *Gamin napolitain.*

Haut., 20 cent.; larg., 8 cent.

MILLET

(J. F.)

73 — *Lecture.*

Une femme, en costume négligé, lit avec attention un volume placé sur ses genoux.

Haut., 45 cent.; larg., 40 cent.

MORAGAS

74 — *Autour du foyer.*

Haut., 40 cent.; larg., 55 cent.

NOTERMAN

75 — *La Lecture du « Sport ».*

Haut., 40 cent.; larg., 50 cent.

PALIZZI

76 — *Les Deux Amis.*

Haut., 37 cent.; larg., 48 cent.

PIGAL

77 — *Gaieté villageoise.*

Haut., 16 cent.; larg., 13 cent.

RICHET

78 — *Cabane au bord d'une mare.*

Haut., 30 cent.; larg., 40 cent.

ROYBET

79 — *L'Amateur d'orfèvrerie.*

Haut., 22 cent.; larg., 15 cent.

ROYBET

80 — *Une Bataille.*

Haut., 54 cent.; larg., 45 cent.

SALZEDO

81 — *La Levrette en paletot.*

Ça doit se manger, la levrette ;
Si jamais j'en pince une, à huis clos,
Je la ferai cuire à ma guinguette ;
J' t'en ficherai, moi, des paletots !

(Extrait de la poésie de M. Châtillon.)

Haut., 45 cent.; larg,, 30 cent.

SERVIN

82 — *Paysage.*

Haut., 20 cent.; larg., 26 cent.

STEVENS
(ALFRED)

83 — *En visite.*

Haut., 20 cent.; larg., 16 cent.

TASSAERT
(O.)

84 — *Dans la mansarde.*

Haut., 45 cent.; larg., 40 cent.

TASSAERT
(O.)

85 — *Mère et son enfant.*

Haut., 38 cent.; larg., 24 cent.

TROYON

86 — *La Falaise.*

Étude.

Haut., 12 cent.; larg., 19 cent.

VEYRASSAT

87 — *Paysanne sur son âne.*

Haut., 22 cent.; larg., 26 cent.

VIBERT

(J. G.)

88 — *A l'ombre.*

Un cardinal, assis sous de grands arbres, est absorbé par sa lecture.

Haut., 24 cent.; larg., 16 cent.

VIBERT

(J. G.)

89 — *Portrait du père Joseph.*

Haut., 35 cent.; larg., 30 cent.

VINCELET

90 — *Fleurs dans une jardinière.*

Haut., 38 cent.; larg., 46 cent.

VINCELET

91 — *Giroflées.*

Haut., 15 cent.; larg., 22 cent.

VOLLON

92 — *Le Pont-Neuf.*

Très belle vue de Paris.

Haut., 25 cent.; larg., 38 cent.

VOLLON

93 — *Fleurs et fruits.*

Haut., 55 cent.; larg., 45 cent.

AQUARELLES ET DESSINS

CHAPLIN

94 — *La Soubrette.*

Aquarelle.

Haut., 42 cent.; larg., 26 cent.

COROT

95 — *Les Saules.*

Dessin.

Haut., 30 cent.; larg., 20 cent.

DAUMIER

96 — *Le Ménétrier.*

Aquarelle.

Haut., 25 cent.; larg., 18 cent.

DEBUCOURT

97 — *La Fête du village.*

Aquarelle.

Haut., 30 cent.; larg., 25 cent.

DEBUCOURT

98 — *Bal dans le parc.*

Aquarelle.

Haut., 30 cent.; larg., 25 cent.

DELACROIX

99 — *Femme assise.*

Aquarelle.

Haut., 18 cent.; larg., 15 cent.

GÉROME

100 — *Le Petit Charmeur de serpents.*

Dessin au crayon.

Haut., 30 cent.; larg., 20 cent.

GUDIN

(TH.)

101 — *Marine.*

Gouache.

Haut., 14 cent.; larg., 20 cent.

HUBERT-ROBERT

102 — *Ruines romaines.*

Aquarelle.

Haut., 30 cent.; larg., 38 cent.

ISABEY

103 — *Un Naufrage.*

Dessin.

VIBERT

(J. G.)

104 — *La Lecture amusante.*

Ce prélat doit déguster quelque fine gauloiserie, à en juger par l'excessive hilarité apparente sur son visage.

Aquarelle.

Haut., 36 cent.; larg., 26 cent.

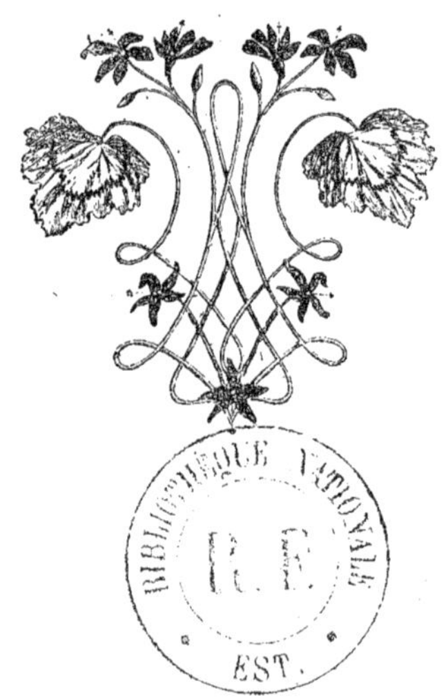

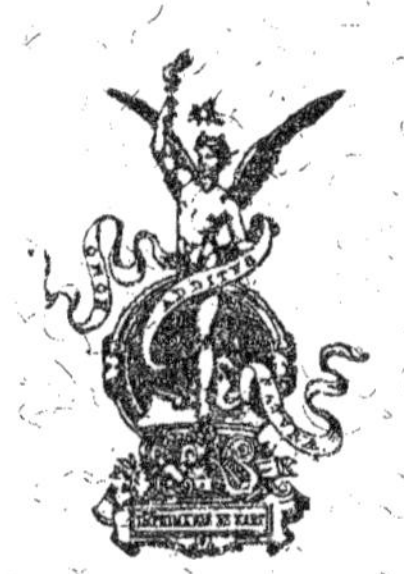

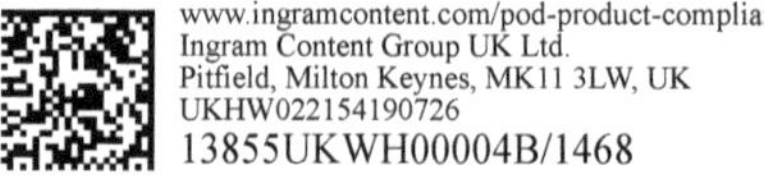
www.ingramcontent.com/pod-product-compliance
Ingram Content Group UK Ltd.
Pitfield, Milton Keynes, MK11 3LW, UK
UKHW022154190726
13855UKWH00004B/1468